W0085633

Band 12 der »Reihe P«, herausgegeben von Joachim Sartorius, Hans Thill, Ernest Wichner

The book is published with the support of the Georgian National Book Center and The Ministry of Culture and Monument Protection of Georgia.

GEORGIAN NATIONAL BOOK CENTER

MINISTRY OF CULTURE
AND MONUMENT PROTECTION
OF GEORGIA

Satz: Leonard Keidel
Druck: NINO Druck GmbH, Neustadt/Weinstraße
ISBN: 978-3-88423-540-9

MIX
Papier aus verantwor-
tungsvollen Quellen
FSC® C006655

Bela Chekurishvili

Wir, die Apfelbäume

Gedichte

Aus dem Georgischen von Norbert Hummelt

Wunderhorn

Wir, die Apfelbäume

Wir, die Apfelbäume, blühen keineswegs,
weil wir denken könnten, dass bald einer kommt,
der einige von unsern Zweigen bricht
und einen Blumenkranz aus unsern Blüten flicht,
im Gras herumliegt und ein Selbstporträt mit
Apfelblüte schießt – dafür blühen wir nicht.
Unsere rosa Blütezeit hat einen Namen:
Sie ist der Wunsch des kleinen Jungen,
der unsere grünen sauren Früchte salzt,
so dass sie zwischen seinen Zähnen knistern.

Wir, die Apfelbäume, lassen keineswegs
die Äste hängen, weil wir weinen müssten,
und sind nicht etwa schwer beladen,
um andern Vorwürfe zu machen – dafür reifen wir nicht –,
oder Dichtern Vorwände zu liefern
für noch ein jammerndes Gedicht,
weil das Leben auf der Erde einfach so vergeblich ist.
Unsere Reifezeit hat einen Namen: die Phantasie
der jungen Paare, die sie beim Pflücken frösteln lässt
und sie vor Wärmeschauer in die Betten treibt.
Der süße Duft lässt uns, die Apfelbäume, nie allein
vom Knospen bis zum Blätterfall
Gott weiß genau: Wenn wir uns vor dem Winter nackig machen,
dann schämen wir uns nicht einmal
für diese fabelhafte Mythenschande.

Unsere Blößezeit hat einen Namen: Sie ist
das Ofenmärchen einer alten Frau, für die
ein Bratapfel das Schönste ist in der weiß verschneiten Zeit
und die Maler stellen dies so dar,
dass das Alter und die Einsamkeit
hinter diesem Bild verschwinden.

Ein uraltes Lied

Wie ein Papiervogel, den man am Faden zieht,
warte ich, dass ein Wunder geschieht.
Ganz egal, ob meine Länge nur ein Zoll
oder eine ganze Handspanne betragen soll.
Ich will aus meiner Kiste raus und endlich los
und fliegen, davon singe ich, mein Wunsch ist groß.

Herrgott, bitte, lass mich nicht allein
Die Sonne ist groß und mein Schnabel so klein.
Kein Gebet will mir mehr taugen
Lieber träume ich mit geschlossenen Augen.
Sogar die Spinne hier, die in der Ecke kriecht,
blickt mich an mit Hoffnung im Gesicht.

Nie sah ich Farben, konnte niemand fragen,
und kenne selbst Azur nur so vom Hörensagen.
Schaue ich zu der verblichenen Gardine hin,
dann kommen mir Gegenden in den Sinn,
wo kleine Vögel in den Wäldern leben
und sich viel Mühe beim Nestbau geben.

Manchmal sehe ich, wie der Wind
die Schatten an der Wand zum Tanzen bringt.
Dann fröstelt es mich in den papierenen Schwingen
und mein Papierherz will zerspringen.
Wär dieser Faden nur aus Wachs gemacht,
wär nur das Wachs zum Schmelzen gebracht!

Was zum Wind gehört

Ich bin ein Wind und rede über alles,
was zum Wind gehört, das Windesübliche,
namentlich Einsamkeit, Wege und Stimmen.
Nun sagt schon, dass ich böse zu den Bäumen war,
dass ich sie zerschmettert und gebrochen habe,
zur Erde gebeugt und ihren Stamm gespalten,
ich habe die Krähennester verwüstet
und ließ nur Blut und Flaum im stachligen Geäst.
Schon mal gesehen, wie sich die Federchen
im Nebel niederlassen, und sich wie Zwirn
um Äste wickeln, als drehten sie sich auf die Spule?
Schon mal gesehen, wie sich das Laub ergießt,
springbrunnenartig, und wie die Platanen
am Straßenrand den Rock hoch machen, nach nur
einem Windstoß, wie leichte Mädchen nach der Schule?
Ihr saht es wohl, wie hoch sich Wellen türmen,
und wie Schiffe voller Menschen auf einen Schlag zerbrechen,
saht ihr auch.
Aber sehen – das heißt gar nichts.
Ihr müsst es hören,
müsst die Stimmen hören,
wie da gestöhnt, gejammert und geborsten wird!
Ich bin ein Wind und rede über alles,
was zum Wind gehört, das Windesübliche,
namentlich Einsamkeit, Wege und Stimmen.
Wo ich ging,
was ich entführt, was ich gespalten habe und halbiert.
Aber jetzt wird mir doch schwindlig.
So viele Städte, Brücken, Straßen
kann man nirgendwo begraben, sie passen auch
auf keine Deponie, man kriegt sie niemals mehr zusammen.
Ich kann sie nur in meinen Augen sammeln
und sie mir in die Haare flechten.
Ich stecke sie mir in die Taschen,

trag sie im Brustbeutel und auf dem Schoß.
Taub bin ich schon etwas länger,
jetzt bin ich auch noch blind geworden
und kann es gar nicht mehr verstehen,
was in mir so endlos dröhnt,
so dass ich keinen Wortfetzen mehr höre
und nicht zwei Laute mehr verbinden kann.
Was laufen sie vor meinem Ruf davon!
Ich gebe mir doch alle Mühe und schreie,
was ich schreien kann, damit mein Ruf bei ihnen ankommt.
Nun hört mal zu: ich fing zu rasen an,
damit ich diese Laute fangen kann.
Ich suchte unter jeder Feder,
in den Zypressenwipfeln und im rußigsten Kamin.
Ich drang in Felsspalten
um sie zu hören und sie aufzufädeln zu dem einen Wort,
das dazu fähig wäre, meine Einsamkeit zu füllen.

Ich bin ein Wind und rede über alles,
was zum Wind gehört, das Windesübliche,
namentlich Einsamkeit, Wege und Stimmen.

Erde zu Erde

Ich bin in die Erde eingegangen
wie der Soldat, den ein Scharfschütze traf,
wie die vom Winde verwehte Walnuss,
wie die Amphore, nur ohne Wein.

Ich grapsche die Erde mit schwarzen Händen,
misch sie zu Mörtel und baue Wände,
pflüge und furche – das Joch um den Hals,
bin Erde gewesen und kehre zurück,
der alte Fluch hat sich wörtlich erfüllt,
ich kann mich nicht einen Deut von ihm lösen.
Bin trocken und hart. Zerstampft und geebnet.
Nur atmen geht noch.

Mein Schutzengel ist schon ganz durcheinander:
Bald denkt er, ich komme alleine zurecht
bin feinkörnig, eine geschlossene Schicht,
bald denkt er, es gibt doch vielleicht einen Ritz
der sonnendurchlässig geblieben ist?
Er geht um mich rum und betrachtet mich stumm
und sucht nach einer geeigneten Spalte
ruhig so schmal wie eine Nadelspitze
da stellt er sich drauf und fängt an zu tanzen.

Also, Engel – und ihr, die mich hört,
denkt bitte nicht, dass ich mich beklage,
weil es einfach so ist, wie ich sage,
dass ich zu Erde geworden bin,
ebenmäßig, rein und klar,
auch mein Gesicht hat sich wieder geglättet.
Dann wollte ich gerne mein Ich wieder haben,
doch war es ein Rennen
nach einem Schatten:
Du läufst hinterher und er vorneweg.

Du glaubst, du bist nah, gleich kannst du ihn packen,
dann ist er deinen Händen entglitten.
Ich musste zu dieser Einsicht kommen,
ich war einem Schatten nachgelaufen,
womöglich habt ihr ihn auch erkannt.
Ihr habt aber noch den alten Wunsch,
mit eurem Schatten synchron zu gehen,
oder einfach den Bewegungswunsch.

An den Vater

Triptychon

I

Du hast bei mir nach dem gesucht,
was weder Gattin noch Geliebte
dir je flüstern konnte.
Was deine Mutter dir verschwieg
und was die Nachbarin nicht für dich übrig hatte.
Bei mir hast du nach dem gesucht,
was nicht im Wein war
und nicht in der Milch.
Du wusstest weder Meer noch Land zu deuten,
bei mir hast du gesucht und meintest,
ich würde es dir schon verraten, oder
es rutschte mir mal aus Versehen raus.
So starrtest du mich vor Erwartung an,
so wie die alten Kolcher auf die Leder starrten,
die sie in Flüssen ausgebreitet hatten,
um aus dem Flusssand
Körnchen reinen Golds zu waschen.
Du hast geglaubt, die Vaterliebe sei jene Kraft,
welche das Licht von der Finsternis scheidet,
die die Töchter dazu animiert,
die verbotene Frucht zu pflücken,
und die den Tauben nach der Sintflut,
wenn sie aus der Arche fliegen,
einen Wink gibt,
wo sie den gesuchten Ölzweig finden.
Du hast geglaubt, dein eigen Fleisch und Blut
führte dich in das Geheimnis ein,
das die Frauen ihren Männern vorenthielten
nach der Vertreibung aus dem Paradies.
Du hast auf mich gewartet,
hast die Nächte
an meinem Bett gewacht.

Auf deinen Schultern hast du mich getragen,
du hast mit mir den Tannenbaum gezeichnet.
Ich durfte über deine Knochen laufen,
dein Herz zu meiner Schaukel machen,
du warst nie geizig, und du gabst mir das,
was weder Ehefrau noch Mutter je von dir
zu sehen bekamen, auch die Geliebte nicht,
und nicht die Nutte aus dem Nachbarhaus.
Du ordnetest mir auch die Flügel vor dem Abflug
und was an Kostbarkeiten mir noch fehlte,
schnittest du aus deinem eigenen Fleisch.
Aber eins hast du vergessen:
Dass die Kinder doch vor allen Dingen
vor den eigenen Eltern flüchten,
weil deren Liebe immer schwerer wird,
wie ein Stein an einem Seil
fest um den Hals gebunden,
der die Kinder dann beim Schwimmen
auf den Grund der Flüsse zieht.
Und die Töchter sind verdammt zu gehen
in den Spuren fremder Männer
und sind dabei von Angst getrieben,
dass auch noch von dieser Liebe
die Väter ihren Teil verlangen,
dass die Glut des Opferfeuers
so für sie verloren geht
und sie niemals das Geheimnis teilen
das die Frauen ihren Männern vorenthielten
nach der Vertreibung aus dem Paradies.

II

Du lehrtest mich, ging draußen Winterwind,
dass die Eiszapfen in unserem Hof
die scharfen Zähne eines Drachen sind,
und wenn ich die Tanne malte mit den Lichterketten,

dass wir daneben Platz für einen Schneemann hätten.
Und wenn ein kleines Fräulein zufällig Klassenbeste ist,
dann festigt das im Vaterherzen ihren Ehrensitz.
Und Käferrücken, konntest du beweisen,
sehen im Dunkeln aus wie Bügeleisen,
und außerdem sind Käfer feuerscheu.
Und der Kanarienvogel will doch gar nicht fliegen,
er wird vom Fliegen schwere Flügel kriegen
und deshalb bleibt er besser seinem Käfig treu:
Das alles brachtest du mir bei.
Auch, dass zu jedem bösen Märchenriesen
die böse Riesenfrau gehört, und dass es heut noch
Riesen gibt, was anscheinend keinen stört.
Du lehrtest mich: Auf den Prinzessinnenturm
rennen die fremden Ritter an im Sturm
und sie rennen viele Male und bieten Friede oder
eine Wette an, doch willst du siegen über jeden Mann,
folg nicht dem Faden in das Labyrinth!
Hüte das Vatergeheimnis, mein Kind!
Du lehrtest mich, dass Männer zahlreich sind,
so wie die Blätter an den Bäumen: ein Vater aber,
dies bedenk, wird einmal nur von Gott geschenkt.

III

Als du mir sagtest,
dass ich schöner würde als die blühende Vogelkirsche
und stärker als der Affenbrotbaum,
da hab ich dir geglaubt.
Ich glaubte auch,
als du mir sagtest, dass ich im Wasser nichts zu suchen hätte
und du versprachst mir einen anderen Körper,
biegsam wie der eines Fisches.
Und als du mir ein Haus versprachst,
das fester wäre als Korallen,
da habe ich auch das geglaubt.

Was starrst du denn den Himmel an,
so sprachst du, und ich glaubte dir,
dass meine Augen schneller wären
als die Flügel aller Vögel,
und dass die Sonne zu mir runterkäme.
Komm, hast du zu mir gesagt,
die Bienen sind zu keiner Treue
oder einem Opfer fähig wie der Lehm,
den du zum Manne formtest
und der sich eine Kameradin wünschte,
ich glaubte alles und bin dir gefolgt.
Doch liebtest du die Lehmfigur wohl mehr als mich,
sie war das Erstgeschöpf,
und jedem Anfang wohnt bekanntlich Zauber inne...
Und deshalb hast du es mir nicht verraten,
dass ich einmal meine Scham
mit einem Feigenblatt bedecken würde.
Du verschwiegst mir auch,
dass man die Mutterschaft von mir verlangen würde
und ich nicht nur Frau sein dürfte,
und dass ich selbst jemandes Kind sei
und jeder Mann, dem ich die Sonne zeigte,
die blühende Vogelkirsche
und mein junges Blut,
mir das Geheimnis abverlangen würde,
das du mir heimlich zugeflüstert
bei der Vertreibung aus dem Paradies.

Er wünschte sich,
dass auch der Sonnenschein
und diese Glut nur ihm gehörten,
und dass der Vater wie der Gatte,
der Bruder und sein Enkelkind
aus Trotz und Fehde miteinander
mich so zerfleischen und in Stücke reißen,
dass nur die Lettern meines Namens
noch meinem Ursprung gleichen.

VERNISSAGE

1 – Sonnenblumen

Wenn ich euch sage, dass ich glücklich bin,
mich über die neue Halskette freue
und freudig über den Baumschatten schreite
und die Treppe froh erstürme
als hisse man am Mast dort oben eine blaue Flagge,
dann wird euch langweilig zumute sein
und plötzlich fällt euch etwas ein,
weswegen ihr nun dringend gehen müsst.
Ich weiß, es wäre eindrucksvoller, wenn ich sagte,
dass ich mich verwandelt hätte
in die Kerne der gelben Blume mit dem schwarzen Herzen
und nun an einer Straßenecke
handvollweise zum Verkauf anstünde.
Dann würdet ihr wohl mindestens
die Jacke ausziehen und euch zu mir drehen
und zuhören für die Länge einer Zigarette.
Dann redetet ihr mit verstellter Stimme,
als knickte ein Platanenzweig unter einer Schneelast ein
und scheuchte eine Krähe aus dem Wipfel.
Und angesichts der Krähe, die in den gefrorenen Himmel fliegt,
würdet ihr schaudernd zu verstehen geben,
dass jeder gern die Sonne ansehen darf,
doch nur nicht unter fremdem Namen.
Und dann noch bis zum Tod?
Und ohne dabei selbst zu sterben?
Wem wäre es denn je gelungen,
mit so etwas durchzukommen?
Und wenn ihr euch dann so gerecht empört,
dass euer Mitleid eine Brücke wird,
auf der die blinden Musiker auf ihren Mundharmonikas spielen,
dann werde ich aus Scham mich leiser freuen

und meine neue Halskette, die blaue Flagge,
den Baumschatten und meine Schritte
hinter einer Tür verstecken
und vor dem Treppenhaus mich zu den Schalen
der Sonnenblumenkerne streuen.

II – Die Pilze

Man warnte uns halt:
Wir sollen uns auf unsere Kappen
Zahlen und Prozente schreiben,
Wie viel Becquerel wir so berappen
und dabei immer munter bleiben,
wie Pilze im Wald.
Auch an den Beinen soll man uns erkennen,
an ihren Farben, ihren Flecken
umso leichter kann man uns entdecken,
uns verwischen und verwaschen,
und dann als Fotos auf Papier vernaschen.
Man warnte uns halt:
Niemals nimmt man das dreizehnte Bett,
Person Nummer Dreizehn ist niemals nett,
was ihr euch wünscht, das nagelt an die Tür,
und meidet die folgenden Dinge hier:
Überlaufen, Überfallen, Überfliegen,
Überverbergen und Überverbiegen.
Holt euch ganz locker und auf gut Glück
Von Montag bis Samstag die Tage zurück,
denn was man euch lieh, das stiehlt man euch bald.
Man warnte uns halt.

III – Die Flut
Videoart

Heute die Flut.
Ich hole heraus, was ich verschluckte
und werfe es dir zu,
alles, was ich dir genommen, weggebracht,
versehentlich mir eingesteckt
und was du mir gegeben hast.
Ich hole das bereits Verdaute, das Zerrissene
und Zerfetzte, das Verwandelte hervor
und werfe es dir zu, weil du gekommen bist,
wenn du auch reglos dastehst und mich anstarrst
und keinen Fuß mehr vor den andern setzt.
Wie ich sehe, willst du keine Ruhe, sondern wissen,
was ich genossen und an mich gerissen,
was ich hinter deinem Rücken
alles so getrieben habe,
worauf ich scharf war und womit
man mich bestechen und bezirzen konnte.
Heute die Flut. Ich hebe meine Hände hoch,
die Hände, die doch gar nichts griffen,
meine unerfüllten Wünsche,
virtuelle Rettungsringe,
die Sonntagsmesse und die Psalmentexte,
die Fontanelle eines Neugeborenen,
ein schwarzes Kopftuch
und den Silberring mit der verblichenen Inschrift »Filipe«.
Heute die Flut.
Ich wechsele die Konfession, ändere meine Lebensweise,
die Blutgruppe, das Hemd, die Handy-Nummer,
den Bräutigam, den Doppelgänger, der mich aus dem Spiegel anblickt.
Ich gerate unter einen bösen Stern,
in den Glaskolben, auf den Baumwipfel,
in den Walfischmagen, soweit wir ihn gemessen haben,
und am Ende in die offenen Arme eines Schmieds,

der drückt mich fest und schmilzt mich ein
als ob ich Eisen, Silber, Kupfer, Messing wäre...
(doch sicher findet sich hier jemand, der der Meinung ist,
dass man sich vor andern Leuten so doch nicht benehmen darf).

IV - Die Zwei
Eine Fotocollage

Die Knie schauen bisweilen unterm Kleid hervor
und langweilig scheint ihnen dabei nicht zu sein,
dann ragen sie vor mit hellweißem Schein
und entfalten sich wie eine Blüte,
dann wieder kleben sie scheu aneinander
und kokettieren wie zwei Oberschülerinnen.
Und die Hände, Tauben gleich,
lassen sich auf den beschämten Knien nieder
und umschlingen sie so wie Lianen
und dann gleiten, gleiten sie,
überschreiten eine Grenze,
achten nicht mehr auf die Zeit und kennen nicht
das Wort »Privatbesitz«.
Und der Ball, mit roten Punkten,
als lägen Äpfel hier in einem Korb,
der zwischen Händen und Knien rollt,
lässt die Augen gierig werden
und macht die Lippen mit der Zunge feucht.
Fehlt hier eigentlich nur ein Laken,
so ein weißes, grobes Tuch,
und jemand hat noch eben draufgeschrieben:
Happy End.

Ein Gegenmärchen

In keinem Märchen und in keiner Fabel,
in keiner der Legenden, die wir lasen,
als du noch klein warst und ich mich selber für erwachsen hielt –
wenn darin mutige und tapfere Jungs
das väterliche Heim verließen,
um fremde Länder und Menschen zu sehen
und die gefährlichen Wege zu gehen
und jeder Schwertstreich
uns den Atem nahm – niemals
dachten wir daran, was ihre Eltern in der Zeit so taten,
als ihre Kinder an drei Scheidewegen standen
und den rechten Weg zu wählen hatten.
Womöglich pflügten sie den Acker um,
molken die Kühe,
sponnen das Garn in wartender Ruhe
und konnten nicht schlafen bis in die Frühe.
Doch niemals war ein Gedanke daran,
dass sie Stimmen im Wind vernahmen
und aus den Häusern gelaufen kamen.
Auf fernen Inseln langten sie nie an,
sie landeten nicht auf den Rücken von Walen
und suchten Riesen nie in ihren Höhlen auf,
die Väter dieser tollen Jungs,
erst recht nicht ihre Mütter...
Ich aber habe die Dinge verdreht
mein Wille hat mich in die Welt geweht,
als hätte ich gar keine Chance zu sterben.
Wie eine Schülerin, die nach der Schule
den Ranzen in die Ecke knallt,
hielt ich es mit der Mutterschaft.
Ich wollte nicht der Balken für das Hausdach sein,
der gute Hausgeist,
nicht die Mutterstimme.
Und so warte ich auf neue Drachen

ohne Schwert und ohne Pfeil.
Ich habe es wohl ganz vergessen
oder aus dem Kopf gestrichen,
dass nun mein Sohn das Garn des Wartens spinnt,
ich kann mich nicht daran erinnern
(sorry, es ist einfach weg),
was ich ihm aufgetragen habe, als ich ging:
auf mich zu warten, die Herde zu mehren
und später für mich eine Kuh zu schlachten
die beste, versteht sich, wenn ich wiederkehre.
Doch hält er diese Stille nicht aus,
dann verrammelt er besser das Haus und geht,
wohin immer der Wind ihn weht,
bis an das andere Ende der Welt,
dort trifft er dann vielleicht auf seine Mutter.

DIE E-MAILS

An die Mutter in Georgien

Ich war schon immer ziemlich gut im Lügen,
anstatt dass ich zur Schule ging,
ging ich in den botanischen Garten,
um mit geschlossenen Augen die Sonne zu sehen,
und den Lehrern machte ich weis,
meine Mutter wäre verreist
und ich müsste auf meinen kleinen Bruder aufpassen.
Lügen fiel mir wirklich leicht,
und so erzählte ich meinen Cousinen
von den Skeletten,
die in Omas Kleiderschrank geklappert hätten,
über die schwarz vermummten Unbekannten,
die hinter der Treppe gelauert hatten.
Sie weinten und versteckten sich in den Betten.
Ich log gar nicht schlecht
und schrieb die Lieder des Gondoliere,
mit dem ich in Venedig gefahren wäre,
erzählte vom Nebel über driftenden Brücken
und tönenden Stimmen der dortigen Geister,
welche die Spaziergängerinnen um ihre Seele erleichtern...
Ich log, was das Zeug hielt
und dachte mir Zahnschmerzen aus,
und wenn du mich nach meinen Freunden fragtest,
lief ich raus und schluckte Tabletten
und wenn es nötig war, dann stöhnte ich wohl auch.
Ich log ganz ungeniert
und sagte dir, ich hätte
die Blumentöpfe längst schon vom Balkon geholt
und auf der Fensterbank drapiert,
und dass ich vor dem Ausgehen immer
nach dem Gashahn schaue,
und dass ich immer fleißig Honig esse, sagte ich dir auch.

Ich war halt eine Lügnerin und immer gut darin,
die Wand aus Misstrauen, die zwischen uns stand,
in durchsichtiger Farbe anzustreichen,
und kriegte es auch regelmäßig hin,
dass du in meinen Augen frische Blumensträuße
und nicht zerstörte Schwalbennester sahst.
Und wenn gelegentlich aus meiner Stimme
erschrockene Kaninchen sprangen,
dann schob ich es auf den fehlenden Schlaf
und lachend ließ ich sie verschwinden.
Ja, und auch jetzt, in diesem Moment,
kann ich dich sicher spielend überzeugen,
dass ich mit diesen fuchtelnden Händen
dich keineswegs um Hilfe bat –
es ist ein neuer Ausdruckstanz, wild und disparat.

An Nana in Griechenland

Wenn wir dann abends,
wie in alten Zeiten,
um die längeren Baumschatten streifen,
dann könnten dir unsere Städte erzählen,
wie safrangelb und wie zerstreut ich aussah,
wie damals,
als wir in der Schule saßen
und gewisse Initialen in die Bänke kratzten.
Du weißt ja noch,
ich hab mal angefangen,
Sommersprossen einzusammeln,
und meine Haare wurden steif.
Wie damals, so auch jetzt:
Ich flechte meine Haare und löse sie bald wieder
und gelb bin ich wie Kürbisfleisch.
Du weißt, ich trug mal
bunte Sarafane, und leichte Fransenmäntel

mit so bunten Knöpfen.
Jetzt bin ich kükengelb,
und nach dem Wassertrinken
vergesse ich, zum Himmel aufzusehen.
Du weißt ja noch,
wie schwer es ist,
wenn man dir nach der ersten Lüge
weiter Glauben schenkt,
als hättest du Rhombus-Socken
mit fünf Nadeln gestrickt,
oder du hättest richtig geraten,
ob die Zahl der Perlen,
die einer in der Hand in seinem Rücken hält,
ungerade oder gerade ist.
Doch jetzt bin ich gelb
und ausgedörrt wie Bernstein
und weiß gar nicht, wohin ich laufen soll,
wenn ich nicht gerufen werde.
Du weißt ja, wie es ist in Märchen,
wenn man an Scheidewegen steht,
doch hab ich nur zwei Worte zu verraten.
Dennoch blick ich mich erschrocken um,
du weißt ja noch, man hat uns eingetrichtert,
beim Anziehen immer dran zu denken,
dass wir die Lebewesen mit den Brüsten sind
und neben Milch auch noch die Kraft
eines hundert Jahre alten Weins
in unsern prallen Körpern tragen.
Du bist meine Schwester,
und wenn du abends in der Stadt versuchst,
die Bäume zu umarmen, die die Schatten neigen,
dann könnte dir die Schaukel unserer Kindheit sagen,
dass ich gelb bin wie ein Hirsekorn,
so ausgedörrt und auch so ausgestreut.

An dich. Dort, wo du bist

Die Mädchen kommen als Blumen zur Welt,
um ihre eigene Schönheit zu genießen,
und sollen auch andern Genuss verschaffen.
Sie kommen als Muscheln zur Welt,
doch lauschen sie nur dem eigenen Gesang
und kümmern sich wenig um die Gewässer,
von denen sie umgeben sind.
Sie kommen als glatte Steinchen zur Welt,
mit Augen, die ins Tiefste blicken,
und einer reizenden Gesichtspartie.
Sie blühen nie, sie singen nicht,
behalten aber ihre glatten Körper.
Es gibt auch Mädchen, die sind ohne Vater
in meiner Stadt zur Welt gekommen
und statt eines Vaternamens hängt ihnen nur die Schande an.
Und lebst du in so einer Stadt,
wo sich die Leute weniger für dich
als für deine Eltern interessieren,
dann ist die Scham das einzige Gefühl,
auf das du Anrecht hast,
und keiner wird es dir je nehmen.
Unduldsamkeit und Ignoranz bilden den Schutzwall dieser Stadt,
so wie die Hölle ihre Tore
und wie der Himmel seine Arkaden hat.
Mädchen, in deren Geburtsurkunden
das Zeile leer ist für den Vaternamen,
die müssen sich die Hand abhacken und die Hand ins Feuer werfen,
damit sie nicht verführbar sind und niemanden umarmen können.
Damit sie niemals eine Ader spüren,
wie sie an warmer Haut lebendig pocht,
müssen sie sich die Augen ausreißen und sie dann ins Feuer werfen,
damit sie der Versuchung widerstehen
und keinen Blick aus dieser Stadt riskieren,
wo die Wege sich verzweigen

und jeder Wanderer selbst entscheidet, wo er hin will.
Diese Mädchen sind dazu verurteilt,
ihr eigenes Blut versiegen zu lassen,
so kann die Eifersucht sie nicht erfassen,
so können sie das Ehebett nur mit Verachtung strafen,
wenn man begehrt, mit ihnen zu schlafen.
Diese Mädchen –
Blumen, Muscheln, glatte Steinchen,
soviel zu den Menschen dieser Stadt,
die Unduldsamkeit und Ignoranz als Schutzwall hat.
Soviel zu den Mädchen, denen nur die Scham
als Obdach zugewiesen ist.
Die Mädchen meiner Stadt...

Nicht du sagst es, dass diese Stadt umzingelt ist...
das sage ich.

Purpurrot

Das ist der Wein aus der Amphore meines Großvaters,
gekeltert mit den großen, sonnenwarmen Händen.
Und wenn er zum Osterfest, wie er zu tun pflegte,
aus seinem Weinglas ein paar Tropfen auf das Brot vergoss,
fiel auch ein Tropfen auf das weiße Tischtuch
und bildete dort eine Purpurrose.
Uns aber färbte er die Lippen, und wir glaubten,
dass wir das Blut des Märchenriesen tranken
und unsere dünnen Beine
wurden davon groß und stark.

Das ist die Tschokha* meines Urgroßvaters
aus dem alten Schrankkoffer der Urgroßmutter.
Und jedes Frühjahr, nach der Regenzeit,
da warteten drei Augenpaare
auf das Öffnen dieses Koffers
und hielten ganz gespannt den Atem an.
Und man stritt sich darum, wer als erster sähe,
wie aus dem Haufen schwarzer Atlaskleider
und handgestickter weißer Kopftücher
die purpurroten Tschokha-Schöße flogen,
den Kofferdeckel überquollen
und nach und nach zu Boden glitten,
als sei der Koffer voller Blut.

Das ist die Fahne meines Bruders,
Vermächtnis der Gefallenen von Anfang des Jahrhunderts,
die er mit Georgien-Rufen und Gesängen
über Studentengräbern flattern ließ, am Ende des Jahrhunderts,
wenn auch kein Grab zu sehen war,
kein Namenszug und keine Kathedrale,
doch wollte man die Jugendlichen unbedingt an dieser Stelle opfern.

* männliche Tracht

Das hier ist die erste Blume,
die zusammen mit dem Lächeln
eines scheuen Bauernjungen
zu Winteranfang in der Stadt erscheint
und die andern Jungen ansteckt.
Und am Ende meines Tages
hatte ich die Schultasche
prallgefüllt mit den Zyklamen
und verteilte sie in Vasen.

Das hier ist der Mantel der Madonna
aus einem mittelalterlichen Fresko,
dessen Abbildung seit meiner Taufe
über meinem Bette hängt
und mich in seiner Güte unterweist,
dass kein böser Geist
mich je bedrängt.
Das ist die Sonne, versteckt in den Wolken,
wie man sie für einen Augenblick
über dem Gipfel des Berges sieht
hoch über meiner Stadt, die ewig morgenländisch bleibt,
bevor die Sonne in den Wolken weiterzieht.

Ich passe diese Farbe wie ein Kettenhemd
an meinen Körper an,
weil sie so schwer zu schlucken ist
und mich so sicher keiner kauen kann.
Und noch viel weniger kann man mich brechen,
falls man sich diese Mühe mit mir machen wollte,
es könnte dann sogar gefährlich werden,
wenn man auf mich einschlägt
und sich meine Beine
nur immer wieder schwach bewegen...

Du wirst mich ansehen und sagen:
Purpurrot, das trägt doch heute niemand mehr,
dazu kann man einer Frau nicht raten,
das ist nicht gut fürs Image, und es senkt den Status.
Warum ein Kettenhemd? Mach dich mal locker,
sei wie ein Fluss, sei einflussoffen,
so wie ein Spiegel es für Bilder ist.
Mach mal die Augen auf
und geh zur Farbberatung,
schmeiß doch die Tschokha und die Fahne weg,
breite die Arme aus,
zieh Buntes an:
im Frühling lass die Blumen um dich werben,
lass dir von vielen Drinks die Lippen färben –
was ziehst du dich denn so zusammen
in deinem Schneckenhaus?
Mach einen Schnitt,
geh einfach weiter,
und dann sei bitte immer heiter.

Der Kreis

Dort oben, wo man alles weiß
und uns die Hausnummer zuweist,
den Wohnort und den Breitengrad,
die rechte Farbe unserer Haare,
die Hüft-, die Taillen- und die Körbchengröße
und die Studiengebühren;
dort oben, wo das alles vorbestimmt und eingezeichnet wird,
dort weiß man auch, wann uns der Vater einen Welpen bringt
und wann das kleine Tier vor unsern Augen
von einem Lastkraftwagen überfahren wird.
Man weiß dort auch, in welcher Nacht
wir durch das Fenster auf die Straße springen
und unsern Freunden folgen werden,
selbst wenn uns danach keine Heimkehr bleibt.
Man weiß, wann wir auf nassen Schienen rutschen,
wann wir am Rande eines Daches stehen
und den Regenschirm aufklappen;
dort oben, irgendwo, weiß man Bescheid
kennt unsern Namen, und Wort für Wort auch den gebrochenen Eid
das Datum eines Faustschlags, und wann die Ehe auseinanderging,
und auch die Witwenschaft der Mütter ist dort aufgezeichnet
und wie man Brot erwarb für einen goldenen Ring.
Dort oben, irgendwo,
hat man beschlossen, dass keine Tür mit einem Ruck aufgeht
und dass wir besser durch die Spalten kriechen,
dort oben, wo man auf die Kriege in unsern Ländern blickt
und sie wie aufgereihte Szenen eines Films betrachtet,
die Kriege, die uns die Brüder und Geliebten nehmen,
und unsern Kindern wies man eine Kindheit zu
in kalten Häusern und mit wenig Blut.
Dort oben weiß man nun wahrscheinlich auch,
dass ich nicht meine Arme breite, um ein Kruzifix
zu zeichnen, sondern dich ergriffen habe,
um mit dir einen größeren Kreis zu ziehen
und zu schreien: hier stehen Wir!

Ein lila Schnee, oder hundertmal gemessen

Ich liebe es, wenn der lila Schnee wie Jungfrauen
von der Brücke fällt, und sich unten langsam schichtet.
         Galaktion Tabidse

Ihr denkt: ich hab die Arme ausgebreitet und schwanke nun
so in der Luft, dass ich jeden Augenblick losfliegen kann.
Ihr denkt: na klar, das ist es, *wenn der lila Schnee wie Jungfrauen*
von der Brücke fällt, und sich unten langsam schichtet.
So denkt ihr, und ihr seht mir wortlos nach
wie einer Zigarettenkippe, die einer vom Balkon wegschnippte.
Aber ich messe noch, die Arme ausgebreitet, und ich muss euch sagen,
dass es mir mit Schneiden überhaupt nicht eilig ist.
Ihr denkt: noch einen Schritt, dann flattert sie
wie ein Taubenflügel in der Luft.
Ihr denkt: die Frauen können keinen Schmerz ertragen,
So wenig, wie der Berg die rollende Lawine,
wie die Fensterscheibe einen Ball,
so wie die Erde das wachsende Gras
und wie die Brust den Milchdrang halten kann.
Ihr denkt: was zögert sie so lang?
Ihr denkt nur: *ach, wir lieben es,*
wenn der lila Schnee wie Jungfrauen
von der Brücke fällt, und sich unten langsam schichtet!
und wie sie alle lieblich fallen und einer ähnlich sind –
die Huren so wie die Madonnen!
Und ich, die Arme ausgebreitet, zähle, zähle immer noch
und hab schon hundertmal gemessen
und in Silben habe ich's zerlegt
dank meiner hundertjährigen Erfahrung
(ich war ja eine fleißige Schülerin
und war sogar in Mathe gut).
Ja, nun schwank ich in der Luft,
das habe ich schon ausprobiert
und weiß, wohin ich meinen Fuß sicher

setzen kann, wie ich hinüberkomme, und weiß auch,
wer mich stützt, auf wen ich mich verlassen kann.
Ihr denkt: wozu dann noch der Schnee, die Brücke,
die Jungfrauen, Unschuldigen, Sünder?
Ihr denkt: tja, die gibt's nicht mehr...

I don't believe (John Lennon)

Ich kann nicht an die Menschen glauben.
Ständig ändern sie die Meinung,
und die Stimmung sowieso.
Mal wachsen sie und werden alt,
dann gehn sie ohne Wiederkehr.
Ich kann nicht an die Menschen glauben,
die lautstark reden, nicht den andern sehen,
aber auch nicht an die stillen, die wie Jäger
nur auf den richtigen Augenblick warten.
Ich glaube aber an den Fluss in meinem Dorf.
Er weiß noch, wie wir mit den Füßen
einst in seinem Wasser plantschten,
die Gänsehaut bis an die Knie reichte
und sich im Bauch als Schrei zusammenzog,
um sich den Wellen hinzugeben.
Ich glaube an die großen Steine,
die zu den Ufern meines Flusses lagen
und meinen nackten Rücken kannten
und auch jene Körperteile,
die mit jedem Sommer
voller wurden, runder, wie die Steine selbst.
Ich glaube ferner an die Bäume,
die Komplizen unserer ersten Liebe,
die die Äste runter ließen und uns ihren Schatten schenkten,
und so schützten sie den Liebsten,
der sich unter ihnen barg.
Ich glaube an die Sonnenstrahlen,
die sich durch das Blattwerk schlichen
als geheime Boten
einer traumhaft fernen Welt,
die wir bald betreten sollten.
Und ich glaube an die Stimmen,
die aus der tiefen Erde kommen
und die wir einmal hören werden,

wenn wir taub sind
und sich unsere Körper magisch
mit der Tonerde vermischen.

Gebete von Temur Chkhetiani*

Du

Endlich komm ich zu dir in den Himmel, und wenn ich oben bin,
verzeih ich dir. Doch nicht,
ohne darauf hinzuweisen, wie viele Fehler du begangen hast,
so viele, dass sie nicht in die Waagschalen passen.
Ich hab mir manche davon auf den Kopf gelegt,
andere über die Schultern gehängt,
hier hast du sie – ich schäme mich für dich, dass es so viele sind.
Du hast mich derart oft enttäuscht,
dass ich die Steinlawinen deiner Lügen schlicht nicht mehr
ertragen konnte. Ich habe sie in der Erde vergraben
und manche habe ich gemahlen,
in der Hoffnung, dass der Regen sie verwischen würde.
Du hast dich derart oft vor mir versteckt,
dass Zeit genug blieb, um die Himmelssterne
und die Sandkörner im Meer zu zählen.
Auf der Suche nach dir
hab ich mir meine Knochen verschlissen,
ich passe nun sogar schon durch ein Nadelöhr –
von Zickzackwegen ganz zu schweigen,
und um jedes Spinnennetz
kann ich mich wie ein Faden wickeln.
Du hast dich derart verändert,
dass ich mich durchsichtig machen musste,
um deine Farben alle anzunehmen.
Hab mir die Ohren verstopft, die Augen ausgerissen,
um keinen Schmetterlingshauch mehr zu vernehmen.
Starr wie eine Kobra, streichelte ich dich mit der Zungenspitze
lag unbeweglich, zur Zunge verwandelt,
in der brütenden Wüstenhitze.

* Zeitgenössischer georgischer Dichter

Aber am Ende werden wir uns sehen,
und deshalb will ich dir verzeihen –
so, wie du es selbst mich lehrtest:
siebzigfach mal sieben, wie du es versprochen hast,
so hast du mir verziehen.

Ich verkündige dir

Meine Hoffnung blies sich auf wie ein Ballon
und wurde schwer,
gab einen Ruck, nun fliege ich rasend mit ihr dahin.
Doch Parallelen schneiden sich nicht:
Denk nur mal an die Eisenbahnschienen
oder die Geraden auf der Schiefertafel,
an das System der natürlichen Zahlen, an die Tage...
Ich will dir verkünden,
ich habe gelernt, Schulter an Schulter mit jemand zu gehen,
ohne Berührung und Überschneidung,
ich beobachte meine Füße, die des andern und der Passanten,
gerade zu gehen heißt ohne zu schneiden,
denn wenn die Füße aneinander geraten,
stolpern oder aufeinander treten,
werden wir fallen, ist es nicht so?
In diesem Sinne will ich dir verkünden:
ich schaue nicht mal mehr zu ihr hinüber,
ich höre lieber zu, was meine Hoffnung sagt:
die Hoffnung bleibt sie selbst und sie wird immer gelten,
sogar im Paradies, in allen Parallel- und virtuellen Welten.

Die Dichter zählen ihre Schritte nicht

Georgisches Sprichwort

Sie zählen
die Zeilen, die Wörter in den Zeilen, die Silben in den Wörtern.
Sie zählen, wo sie stehen bleiben,
still sein, atmen, wo sie klagen, wo sie stöhnen
wo sie einen Laut verdoppeln und die Mimik ändern sollten.
Sie zählen und berechnen
wie Baumeister des Altertums, wie Alchemisten, Banker, Wucherer,
wie Markthändler, Versicherungsvertreter, Schuster.
Sie werten die Gefühle aus,
die Lust, das Charisma, den Suizid, die Freunde, Nutten, Stars,
Statisten, die Tage auf der Straße und die Nächte in den Hütten.
Sie zählen und sie wiegen alles wie die Steine,
Kieselsteine, den geschnitzten Findling, Marmor, Ziegel und Granit.
Sie zählen und bemessen,
damit sie's später passend machen,
wenn sie die Herbergen, die Burgen und die Tempel bauen,
damit man fliehen, sich verstecken oder beichten kann.
Und so passiert es dann, dass diese Tempel, Burgen und Gemächer
zur Zuflucht für die andern werden
und keiner kann sich mehr erinnern
was dafür zurechtgestutzt, poliert, geschnitzt, in Form gebracht
und abgeschliffen worden ist.
...
Wie's in den Schulbüchern so steht: das alles ist jetzt ein Gedicht.

Doppelnatur

Bin doppeldeutig, wie der zweischneidige Dolch
des Bergbewohners,
doppelschichtig wie chinesische Seide, wie Murano-Glas,
zweizügig wie der Wind in offenen Korridoren,
doppelseitig wie Papiere auf dem Tisch der Sekretärin,
wie die Ackerfurche eines Bauern.
Doppelseitig, das bedeutet, dass ich stark bin.
Ich werde niemals dich verraten
und ich hab nichts zu verschweigen,
und ich wechsle nicht die Farbe...
Doppelseitig sind die Falterflügel,
Aufgefaltet fühlen sie sich rau an, von beiden Seiten gleich.
Doppelschichtig sind die Wände einer alten Burg –
robust und fest,
auch Handschuhe strickt man immer zweiseitig
und fertigt so auch Kettenhemden an.
Also, wovor hast du Angst?

Angst ist doch das einzige, auf das ich mich stabil verlassen kann,
von dem ich weiß, das gibt es immer, und es bleibt sich immer treu.
Der Zorn des Starken, die Geduld des Schwachen, sie verlassen
sich darauf, Angst ist der Grund, weshalb wir Stiefel anziehen
und vor dem Essen in die heiße Suppe pusten,
warum wir unsere Kinder an die Hand nehmen,
wenn wir die Straße überqueren,
und Freunden stellen wir aus Angst ein Bein.
Angst ließ auch dem Petrus keine Ruhe, bis zum Hahnenschrei,
und auch Pilatus nicht, der sich die Hände wusch.
Die Angst sitzt in mir,
ward mit mir geboren, und sie wuchs mit mir
wie der Kern in einer Pfirsichfrucht
und der Stachel auf dem Igelrücken,
wie die Giftdrüse unter dem Schlangenzahn.
Die Angst vorm Artensterben schützt den schwangeren Körper,

das Fischernetz, verlassene Liebende,
streunende Hunde und den Weinberg des Bauern
und den Brunftschrei einer Gämse.
Die Angst schreibt auch das Schulheft voll,
leiht ihre Kraft den Hasenbeinen,
den Boxerfäusten und den Bankleitzahlen,
sie baut die Schutzgräben und dämmt die Flüsse ein.
Angst lässt auch Gestrauchelte singen
und du redest schließlich auch aus Angst von dir!
Soll ich denn vielleicht die Angst nicht haben?

»Auch deine Angst hat zwei Gesichter,
auch sie hat eine Doppelnaht.
Verpasst sie dich von einer Seite,
dann kommt sie andersrum zu dir
und niemals wird sie dich verlassen.
Fürchte dich nicht!«

Safe Mode

Ich bin geschützt
wie eine Todeszelle, eine Bauernscheune,
das Gedächtnis einer Witwe, eine Karte mit Geheimzahl.
Zugriffssicher, zuverlässig, und mit Garantie.
Wir sind übereingekommen, was der beste Modus ist.
Mein anderes Ich ist vor Verrat geschützt, mein Uterus –
vor der Befruchtung,
das Haus davor, gebaut zu werden.

Ich bin geschützt und will so bleiben, will nicht wiegen,
wie schwer vielleicht die Zukunft ist,
die Schale könnte sich zu ihren Gunsten neigen,
vielleicht verstört mich das, vielleicht gefällt mir, wie verstört ich wäre.
Ich bin ja so unglaublich teuer, dass ich nichts von mir verlieren darf,
nichts darf geteilt, nichts weggenommen werden.

So lange ich geschützt bin, tu ich keinem weh, ich schade nicht,
ich bin nicht giftig, ich bin nicht ansteckend, nicht tödlich,
und bin auch nicht verführerisch.
Wir sind so übereingekommen, dies ist der Modus, und wir wissen ja:
Wie wir die Augen uns verbinden, dem anderen den Rücken kehren,
wie wir den Weg abschneiden, das Gewissen löschen,
und wie die Herzader zerreißt.

Worauf es ankommt, ist – den Delinquenten
bis zur Hinrichtung am Leben halten,
das Weizenkorn – bis in den Winter retten,
das Lustgedächtnis der Verstorbenen,
den guten Ruf der Banken niemals schänden.

Und morgens weckte mich einer der Seraphim und meinte,
dass sie dort oben längst schon Ferien hätten...

An Sisyphos

Zuerst den Stein, den musst du finden.

Dann lerne, wie man einen festen Knoten macht,
sonst gleitet deine Hand ab, greift ins Moos,
und wer sich dann blamiert, bist du.
Instinkt ist das, du weißt es ja, ein jeder hat es vor dem Ende schwer,
und es kann Fälle geben, da wird das Moos sogar zum Rettungsring,
dann stehst du da und bist klatschnass
und musst dich vor der halben Stadt bedanken.

Zuerst den Stein, den musst du finden.

Dann lerne, wie man Ornamente meißelt,
sonst schließen sie die Mauer rings um dich – bis an die Knie zuerst,
dann bis zum Hals – und dir bleibt nicht einmal die Zeit zu schreien.
Und bist du dann erst betoniert, bleibt, wo du warst,
nur eine Mauer stehen, hässlich anzusehen – anstelle einer Kathedrale.

Zuerst den Stein, den musst du finden.

Dann wähl die Farben aus,
eh du zum Goldschmied gehst und einen Ring bestellst.
Woher die Steine kommen, musst du fragen,
und lass dir auch was zu den Zeiten sagen,
du weißt doch, wann du sie gefunden hast.
Manche Steine schärfen das Gehör,
manche Steine machen blind – und manche brechen das Herz,
manche Steine machen Kummer
und manche rufen grundlos Träume auf...

Zuerst den Stein, den musst du finden.

Dann denk gut nach, eh du ein Kind gebierst,
denn sonst – wer weiß? – mag es der Vater schlucken,

wenn ihn die Lust nach Neugeborenem überkommt.
Hast du den Stein zur Hand, gut eingewickelt,
kannst du ihn wohl in seinen Rachen stopfen,
so rettest du das Kind – du hast die Chance.
Denn andernfalls, du kennst die Göttersagen,
sie haben nie auch nur das eigene Kind geschont
und standen immer, wo der Stärkere war.

Zuerst den Stein, den musst du finden.

Dann überleg dir gut, was du dir wünschst.
Willst du denn wirklich an den Ort zurück,
an dem die Steine so viel klagen?

Eine Kreuzgeschichte

Ich bin dein Kreuz, das man auf deinen Rücken band,
du musst mich tragen, bis du nicht mehr kannst.
Zeig mir den Tod, mach mich mit ihm bekannt,
ich gäbe ihm so gern die Hand,
und sterben musst du mit mir auch.

Dein Kreuz bin ich, dein Urteilsspruch,
du weißt schon nicht mehr, wie du gehen konntest,
gerade, schmerzfrei und mit festem Schritt.

Jetzt gehst du so – in Blut und Schweiß,
jetzt schleppst du dich durch Staub und Schmutz,
und fluchst auf mich: du hattest doch schon ohne mich
genug zu grübeln und dich zu bekümmern.
Und ich – ich breite meine Arme aus
und stehe da und starr zum Himmel,
ich werde schwerer Tag für Tag, so ist es und es macht mir nichts.

Ich liege da und frage dich: ist dir nicht klar,
dass ich in meinem früheren Leben eine Linde war?
Mit Wohlgeruch und Blätterrauschen,
umworben von den Bienenschwärmen,
und um mich kicherten die Liebespärchen,
und auch am Plausch der Blütensammlerinnen mangelte mir nicht.

Jetzt kann ich nur noch dein Gejammer hören,
und wie du stöhnst bei jedem Schritt, du wackelst immer so,
und dich von mir zu lösen, das gelingt dir nicht.

Wenn du nicht anders willst, nimm das:
bloß wegen dir hat man mich umgehauen,
hat mir die Äste abgehackt, den Stamm gespalten,
hat mich gehobelt und zum Kreuz gezimmert
und mich verurteilt, dir zu lauschen.

Nun geh schon schneller, wenn ich bitten darf,
bringen wir es hinter uns, ich kann nicht mehr,
denn so geschleppt zu werden ist doch kein Vergnügen.
Ich würde gerne aufstehen und mich recken, die Schultern lockern,
ja und dann ... dich fest umarmen, endlich aufrecht stehen,
und nicht klagen, so wie du.

Salome (Auszug, Teil 1)

Matthäus 14, 6-11

»Salome, tanz!«
Die Lehrerin war viel zu streng
Und wenn ich müde war,
sah sie nicht hin.
Die Mutter meinte nur,
ich soll nicht klagen,
ich bräuchte gar nicht erst
nach Mitleid fragen.
Und wenn ich weinte,
predigte sie mir:
»Wenn sich die Ritter erst
nach dir den Kopf verrenken,
dann wirst du noch
an meine Worte denken.«
In der Spiegelhalle ließ sie mich allein.
Draußen spielte der Sonnenstrahl
in den Palmzweigen
und meine Beine wollten eilen
zu den jungen Mädchen in die Laube,
die da flüsterten und lachten,
über die Ritter ihre Witze machten.
»Tanz, Salome,
wenn du es lernen willst,
musst du vom Morgengrauen
bis zum Abend tanzen.
Pump die Musik aus deinem Herzen,
bis dir die Arme und die Beine schmerzen.
Hör mit dem Körper hin,
nicht mit den Ohren!
Tanz, Salome,
lass dein Gehänge klimpern,
sprich mit den Armen,
nicht mit den Wimpern.

Nein! Den Kopf hoch!
Und den Blick nach vorn!
Immer nach oben schauen, hin zur Sonne!
Und wenn dein Blick
den eines Ritters trifft,
zeig nie ein Lächeln
auf deinem Gesicht.«
Die Lehrerin war viel zu streng,
so gnadenlos und stur,
und die Sorge um die Königstochter
amüsierte sie
im Grunde nur.
»Tanz, Salome,
dein Körper ist dafür gemacht,
sich ohne Worte zu erobern,
was immer er sich wünscht.
Wenn du erst ein großes Mädchen bist,
wird man dir das ganze Königreich
zu Füßen legen – nur für einen Tanz.
Und vor dir werden sie sich beugen,
tausend Köpfe, nur für diesen Tanz,
und du wirst dich nur zu einem neigen,
und diesem gibst du dich
dann ganz –
so habt ihr Teil an der Unsterblichkeit.
Salome, Tanz,
noch ist der Tag nicht nah, doch ist die Zwischenzeit
allein zum Tanzen da!«

Eine Geschichte mit Erbsen und Wand

»Klatsch die Erbsen an die Wand...«
Georgisches Sprichwort

Damals war's, zu dieser Zeit,
als du mich mit geübter Hand
an die Wand geklatscht hast, tausendmal,
und wenn ich titschend runterfiel, war's dir egal,
dann fuhrst mit den Händen in der Luft herum
und zeigtest stumm: die Wand ist halt zu glatt
und die Erbsen sind zu glitschig und zu dumm,
es war dir völlig klar,
was von den Erbsen und der Wand zu halten war.
Just damals war's, zu dieser Zeit,
als du mit deinem eigenen Kram beschäftigt warst,
just damals
trieb ich Wurzeln aus,
just damals
war die Wand nicht länger unfruchtbar,
ihr Körper wurde warm
und bot mir hilfreich seine Spalten dar...
Was kann man schon von einem Erbsenkorn erwarten,
einmal als Kletterpflanze in die Welt gekommen,
ist es nun mal sehr darauf geeicht,
nach dem erstbesten Halt zu suchen,
der zur täglichen Umarmung reicht.
Was kann man schon von einem Erbsenkorn erwarten,
jäh erwacht,
hat es an nichts als an sein eigenes Grün gedacht
und treibt nun wahllos Blätter aus, will Früchte tragen...
Und als ich dann im Sonnenlicht
die Goldhornwidder zählte
und den verliebten Maikäfern von meinen Blättern gab,
als ich zu der jäh erwachten Wand
vom Wasser und der Erde sprach,

als ich mir so viel Mühe gab,
in meinem winzigen Erbsenkornherzen
immer neue Wunder zu ersinnen
und die alten Märchen neu heraufzubringen,
die meine Mutter uns dereinst erzählte,
als wir noch in der kühlen, feuchten Hülse lagen,
damals war's, zu dieser Zeit,
als ich in dem Glauben lebte,
ich hätte schon dadurch, dass ich vorhanden war,
ein jedes Wesen, das ein Puls bewegt,
kraft meiner Liebe überzeugen können,
just damals war's,
da hast du unverhofft zurückgeschaut
und Angst bekommen.
... Warum hab ich es nur versaut,
du hast dich mir doch ehrlich anvertraut,
doch ich war dumm und habe das Tabu gebrochen,
es war in tausend Jahre alten Worten ausgesprochen,
was dir und eurer ganze Sippe
schon in der Wiege tröstlich war,
was ihr gelernt habt, was ihr weitergabt,
von den Vätern auf die Kinder,
was von den Großvätern auf euch gekommen
und schon von Urgroßvätern übernommen.
Niemand brauchte es,
von mir geweckt zu werden,
ihr hattet doch noch Grün genug,
weil stets ein junger Erbsentrieb
unter euren Füßen lag.
Seit jeher gabt ihr jedes Korn
der feuchten, heißen Vagina der Erde,
doch kaltherzig und taub stand allezeit die Wand
an deren glatter Oberfläche
jedes kluge Erbsenkorn sich stur nach oben rankt...
Und dann,
als ich auf deine wild erschrockenen Hände sah

und dir zerrissene Laute aus der Kehle brachen,
auch deine angestaute böse Rachsucht
kotzte sich mit aus,
und wie du dann gelaufen bist
mit kalten Knochen,
da hast du meine Spuren an der Wand zerbrochen,
um das tausendjährige Tabu zu retten,
bevor die andern mich gesehen hätten.
Just damals war's, da habe ich erkannt,
es gibt noch Stärkeres als selbst die Angst,
es gibt was anderes, das noch viel perfider,
so ein Gefühl, dass scheinbar einfach ist –
ich fühlte Mitleid
mit dir und deiner bösen Rachsucht,
mit deinen wild erschrockenen Händen.
Du hast mir leid getan –
mit deiner bösen Rachsucht,
mit deinen wild erschrockenen Händen.
Mit deinen kalten Knochen
hast du mir leid getan,
ich habe auch zum Himmel aufgesehen
und mich noch mehr an die geborstene Wand gepresst,
ich habe sachte mit ihr angebandelt
und mich den Steinen angepasst,
ich schob die Blätter auseinander
und habe mich in Ornament verwandelt.

Zum Zeichen der Silbernen Hochzeit

Mit dem Schellenglöckchen um den Hals
komm ich klirrend auf dich zu geschritten
und zeige dir so meine Ankunft an.
Ich werde nicht vom Weg abweichen,
noch hundert Schritte, und dann bin ich da.
Du hörst die Stimme schon,
du zählst, erwartest mich
wie etwas Unumgängliches,
eine akute Epidemie,
die sich in der Nachbarstadt bereits verbreitet hat,
unausweichlich
wie eine Flut nach langen tristen Regenfällen,
oder eine Lawine – nach heftigem Schneefall.
Ich trage das Schellenglöckchen um den Hals
und sende dir die Nachricht:
Ja, ich komme,
ich werde mich nicht mehr verlaufen,
ich komme zuverlässig
so wie eine Grippe, Pest und Cholera.
Ich komme
und dann erfasse ich das ganze Haus,
ich infiziere,
überflute
und vernichte dich...
Ich trage das Schellenglöckchen um den Hals
und kenne keinen andern Weg
als diesen, der eingeübt und ausgetreten ist.
Meine Mutter ist ihn schon gegangen
und meine Urgroßmutter auch,
und dieses Schellenglöckchen
ist ihr Andenken und ihr Vermächtnis.
In meinem Blut steckt diese Erbanlage
für Erkrankung, Flut, Vernichtung,
und so gehe ich mit dir zugrunde.

Ich zerfalle,
ich verschwinde,
doch dieses Schellenglöckchen nehme ich nicht ab,
so kann ich nie vom rechten Weg abkommen.
Du öffnest mir die Tür,
denn deine Mutter,
deine Urgroßmutter
sind denselben Weg gegangen
und du weißt, dass dieses Schellenglöckchen
ihr Andenken und ihr Vermächtnis ist.
Und so gehst du mit mir zugrunde,
du verschwindest
und zerfällst.

Wasserfarben

Wasser kann alle Farben annehmen,
kann sie behalten und widerspiegeln.
In allen Farben kannst du Wasser malen
und das Wasser spiegelt sie dir alle wider:
Meine Baskenmütze, meine Knie,
die geschwänzten Unterrichtsstunden,
außerdem gewisse Spielregeln
und eine absehbare Enttäuschung,
kurzatmigen Sex und Kaffeetrinken.
Nun bin ich wieder hergekommen
und meine Sommersprossen tragen
Gerüche unbekannter Meere, fremder Inseln,
und wie auf einem Baumstumpf
siehst du sie hier ausgebreitet –
schlaf- und ruhelose Nächte,
durchgemachte Tage, hinterlegte Wege.
Ich bin beschriftet wie ein Obelisk
und darauf liest man, nach dem Alphabet:
Menschen, die verloren gingen,
mit Geburts- und Sterbedaten,
Kämpfe, die verloren gingen,
Festungen, die nicht zu halten waren,
Prüfungen, die nicht bestanden wurden.
Ich ließ mich vor dir nieder,
doch fühlte es sich anders an –
als führe ich mit einem Fahrrad
auf der Autobahn
und mir gingen gleich die Kräfte aus
und dann ein Laster, der mich überrollt...
Ich warte hier auf dich
wie auf das Wasser,
das jede Farbe tragen kann,
misch es mit Farbe, Salz und Zucker, dann
gib ihm die Form eines Glases, eines winzigen Tonkrugs –

es nimmt sie alle an.
Du malst das Wasser als verschiedene Regenfälle
und erklärst es mir:
Wir können wohl das Wasser zu uns nehmen,
doch nicht die Form und das Gesicht
und auch das Herz und auch die Fragen nicht.

Zu Besuch bei Mark Strjomkin

Was kann ich dir denn Neues sagen, Mark,
was soll ich mir schon wieder einfallen lassen,
dass du nicht lachst und dich nicht wunderst:
Ich bin eine Winzerin,
Prophetin des Wetters und der Erde,
und trug die Weintrauben zu dir,
doch ich war zu lange unterwegs,
so dass die Beeren eingetrocknet sind
und zu Rosinen wurden.
Und nun liegen die Rosinen
wie braune Sommersprossen
auf meinen Schultern ausgestreut.
Ich liege in der Glut der Sonne
und hab meinen Körper
mit Honig bestrichen,
diesen alten masochistischen Ritus
rief ich mir ins Gedächtnis zurück,
so zeige ich dir meinen nackten Körper
und schamlos such ich deine Träume auf.

Meine Existenz ist seesteinchenblank, Mark,
seesteinchenbunt und leicht,
bin eine Fischerin, Hirtin von Wind und Wellen,
und einmal ging mir ein Goldfisch ins Netz.
Doch trug ich ihn so lange zu dir,
bis er vor lauter ungenannten Wünschen
das Gehör verlor, er schwamm
flussabwärts, in den Walfischmagen.
Und nun liege ich mit offenem Haar
auf dem Grund des Flusses,
golden schuppen meine Knie,
den alten Ritus des Goldschürfens
hab ich mir ins Gedächtnis gerufen

und zeige dir nun meinen nackten Körper
und schamlos such ich deine Träume auf.

Meine Wünsche sind geheimnisvoll
wie ein Piratenmesser, Mark,
scharf und zweischneidig wie ein Piratenmesser.
Bin wie ein Fakir,
Priesterin von Licht und Feuer,
den heißen Sonnendiskus trug ich zu dir,
doch ich war zu lange unterwegs,
so dass ihm alle neun Augen zufielen,
dann wrang er sich und tropfte aus
in eine Lehmschüssel.
Nun liege ich rücklings auf glühenden Kohlen,
ich rief mir den alten Ritus zurück,
mit dem man die Menschen einst amüsierte.
So zeige ich dir meinen nackten Körper
und schamlos such ich deine Träume auf.

Fixierung

Aufnahme 1: Mark Strjomkins Schlafzimmer

Gegenstände, mit denen wir leben,
geben über uns Auskunft, Mark.
Um ihnen zuzuhören, hielt ich den Atem an,
hab mich wie Spinnweben in den Gardinen
und an den Sessellehnen ausgebreitet.
Ja, hier will ich überwintern.

Aufnahme 2: Mark Strjomkins Wochenende

Der Schlaf am Morgen ist der einzige Zustand,
der uns am Wochenende vereint.
Und wenn uns dann das Salzaroma
zu salzigen Gestaden führt,
folgen wir ihm ungeniert
und wenn die Sonne untergeht, langen wir
bei ihrer Fahne an, die über den Häusern steht.

Aufnahme 3: Mark Strjomkins Jagd

Bevor wir uns selbst die Beine verrenken:
Wir sollten der brütenden Wachtel gedenken
und uns ganz im Stillen fragen,
welches Anrecht wir auf unser Leben haben.
Und mein bibberndes Herz
will aus der Jagdtasche springen,
weil du es liegen gelassen hast
unter den Waidmannsdingen.

Aufnahme 4: Mark Strjomkins Gelage

Mit verbrannten Fingern, Mark,
bringt man Leier und Zither nicht gut zum Klingen,
aber ein verbranntes Herz kann besser singen.
Verbranntes Fleisch schmeckt nicht besonders gut,
doch verbrannter Zucker dafür umso süßer.
Und löst man ihn erst in Getränken, dann
regt er den Geist in den Gästen an.

Aufnahme 5: Mark Strjomkins Testament

Ich bin's. Hiermit
sei es bestätigt.

Ich drehe das Seil, den Strick...

Vielleicht glaubst du, dieses Seil,
das ich ins Wasser auswarf, dich zu retten,
ist nur ein lascher alter Strick,
an dem noch meine warme Leiche baumelt,
auf dem Speicher eines alten Hauses.
Vielleicht bist du noch nicht ins Wasser gefallen
und deine Füße sind noch gar nicht nass
Vielleicht ist der Fluss noch gar nicht zu sehen
auf dem Weg, auf dem du kamst.
Vielleicht staut sich dort noch nicht mal der Regen
so schön klar und spiegelglatt
Und vielleicht sind dir meine Hände,
die mit meiner ganzen Treue
das Seil für dich halten, ein Ruder bloß
das längst verfallen ist und verfault
und nicht einmal mehr für den Ofen taugt.
Und meine Stimme (wenn ich dir
die Hände reiche, Ruder aus verfaulter Eiche)
zerfällt dir nur zu dumpfen Lauten,
die wie Maulbeeren bei Wind und Regen
nieder aus den Bäumen tauten,
auf die man morgens leise meckernd tritt
und leise meckernd weitergeht.

Das Haus

Wenn der Wind weht,
raufen sich die Dichter ihre Haare
und stürzen aus dem Haus nach draußen,
lassen ihre Kleider, ihre Jacken flattern,
jagen ihren Schals und Mützen
und losen Blättern aus den Büchern nach,
so wie einstmals in der Kindheit,
als sie noch an Wunder glaubten.
Wenn der Wind weht,
flechte ich mein Haar zu schmalen Zöpfen,
stelle mich vors Fenster, breite meine Arme aus.
Man könnte meinen, dass ich auf die losen Blätter warte
auf die Schals, die da im Winde flattern
oder gar auf einen Dichter, den der Wind vom Boden riss
und der mit geschlossenen Augen glatt an mir vorübersaust
während nun das ganze Haus erbebt
wie ein Sieb, das eine gute Hausfrau
zum Maismehlsieben in den Händen schüttelt.
Und ich binde, mit den schmalen Zöpfen,
die Wände und die Dielenbretter möglichst gut und fest zusammen,
knote sie dann an der Tür und an der Zimmerdecke fest,
achte auf die Treppe, dass sie mir nicht wegläuft,
und binde gleich auch noch den Keller dran...
Da heult der Wind, und ich muss lauter schreien,
und meine Wörter prallen nun mit aller Macht
an der Bordsteinkante ab.
Doch ich rufe nicht nach einem Helfer,
rufe auch nicht nach den losen Dichtern,
die wie entfesselt durch die Lüfte sausen
und mit zugekniffenen Augen
flatternd irgendwo entschwinden.
Stattdessen schreie ich – es soll dir Zeichen geben,
dass es mir gelungen ist,
sowohl den Dachfirst wie den Schornstein

gut und sicher zu vertäuen, dass ich sie halte
und vom alten Haus mit den rings zersprungenen Wänden
nicht einen Ziegelstein verloren hab.

Beichte Nr. 1

Da war ein Tag, als alles aufging –
die Türen, die Hosenknöpfe
und die Rechenaufgaben,
alle Ergebnisse und Antworten
lagen bereits beim Erwachen vor.
Ich irre mich nicht,
an diesem einen Tag erwachten alle:
der Kaffeesatz am Grund der Tasse
der Klavierlehrerin,
das Kampfschwert des Urgroßvaters,
die Kellerratte, die Lust des Säufers auf die Kellnerin,
das Rabennest im Fürstengarten,
die Platanen am Straßenrand, und die Straße.
Gemeinsam sprachen sie mir Mut zu: »Schrille! Schrille!«
Und so rasselte ich los mit allem, was da klingeln
oder scheppern konnte. Ich klirrte wie eine Schulglocke,
eine Silbermünze, wie ein Weinkelch,
wie der Stadtbrunnen, wie der Klingelton einer Kurznachricht.
Wie der Wecker aus dem Elternzimmer oder Kinderlachen.
Ich klirrte und ich gab ein Echo,
das von den Bergen widerhallte,
sich fortpflanzte, sich untermischte –
Wie konnte ich denn nur so überall sein! Ich erinnere mich nicht
Wo empfing man mich, ließ mich ein und sperrte zu,
verband sich mir und ward mir ähnlich, Teil von mir, auf Du und Du.
Ich suchte und ich rief, aber nur nach meinesgleichen.
Und falls man darin jetzt noch keine Sünde sieht,
dann lege ich noch einen drauf:
Ich konnte nicht die Sorgen hören, die die Aufgewachten hatten,
dass die Welt da draußen eine andere wurde,
sich verwandelte, solang sie schliefen,
und was sie kannten, fanden sie nicht mehr.

Beichte Nr. 2

Sie waren einfache Passanten,
nennen wir sie Frauen, Männer, Jugendliche, Alte,
und jeder, der hier reinkam, stell dir das mal vor, auch jeder,
der vorbeiging, der nicht reinkam und nicht reinschaute,
fiel mir zum Opfer.

Ich tat mein Herz auf einen spitzen Haken
(so wie die Hausfrau Käsestückchen in eine Mausefalle legt)
so köderte ich sie, lag auf der Lauer, Tag und Nacht,
lachte mir eins, war fickrig.
Machte mein Haar auf, flocht, schnitt, färbte es,
und wenn dann die Passanten und die, die nachts nicht
schlafen konnten, vom Fleischgeruch schon richtig kirre waren,
an das Herz gelangten, schon ganz außer sich,
und es an sich reißen wollten,
da sammelte ich meine Schmerzen in einer separaten Schachtel,
und fing das Blut, so wie es floss, in Schüsseln
und in Gläsern auf, dass nur kein Tropfen mir verloren ginge,
um damit mein Gedicht zu nähren.
So wie die Wölfin ihren Welpen lebende Beute vorwirft
oder wie die Riesin, zur Labung ihrer Riesentöchter,
frische Menschenleiber nötig hat.

Sie waren einfache Passanten,
sie liebten den Geruch der Unterwäsche ihrer Frauen
beim Morgenkaffee und beim Käsebrötchen,
aber wenn sie träumten, hefteten sie ihre Augen
an die auf Haken aufgespießten Herzen
und schlichen sich auf leisen Sohlen an,
wie ganz normale Fleischfresser...

Ich weiß nicht, was aus ihnen wurde,
und habe mich nach ihrem Schicksal nie gefragt.
Mit den Gedichten aber schmück ich meinen Brunnen

und habe ihn mit Mosaik verkleidet,
und wenn's dich anmacht,
schau doch mal vorbei.

Beichte Nr. 12

Auf diesen Februar folgte kein Frühling.
Das heißt, es hat sich nichts verändert, und es ändert sich auch nichts.
Ich muss mich dem Geschehen unterwerfen, ich muss warten, sagt man mir.
Vielleicht liegt in der Unterwerfung die einzige Überlebenschance.
Man sagt mir, dass das typisch Frühling ist, man kann nichts machen,
wenn die Zeit kommt, kommt sie eben, dann wirbelt sie die Winde auf,
dann näht sie ihre Kleider. Ich dachte nur,
weil ich ein Vogel bin und zum Nestbau ausersehen, muss ich nun Blätter,
muss ich Moose finden, um sie ins Nest hineinzulegen.
Und was jetzt? Soll ich jetzt etwa nicht mehr lieben?
So fing ich an, aus meinem Nest zu fliehen, dann aus mir selbst,
aus meiner Haut, und aus den Federn. Ich habe gar nichts angelassen,
das an den alten Winter denken ließe.
Nur die Zeit, die wollte sich nicht ändern.
Blieb einfach stehen, ohne Wasser, ohne Bäume, ohne Februar
und ohne März.
Eine Freundin von mir sagt: Wir müssen selber finden, was wir suchen,
wir müssen es ganz einfach selber tun.
Ich dachte nur, man muss ihn kommen lassen, so suchte ich, was er
gut brauchen könnte, eben ein Nest mit Vogel drin.
Eine Freundin von mir meinte: das, was er braucht, wird uns nicht
retten, wir denken uns am besten etwas Neues aus.
Und ich fing zu frieren an, und meine Augen blinzelten.
Mein Schnabel war zumindest scharf, und mit meinem Flügel
konnte ich sogar den Himmelsbogen schlitzen.
Eine Freundin von mir fleht mich an: Nun komm schon, wir wollen
wenigstens uns selbst umkreisen, wenn schon kein Weg ist, dann
vielleicht ein Kreis, wir sind bis jetzt um ihn herumgegangen, nun

komm, wir tun ihn selber auf.
Wir gingen dann, doch konnten wir den Kreis nicht schließen.
Wir kamen bloß an einer Kreuzung an.
Jetzt sitzen wir auf einem Draht und zwitschern.

Ich beschwöre das Gewitter

Ich beschwöre das Gewitter!
Regen soll gefälligst kommen, Nebel bitte ebenfalls
Schon am Morgen soll es nieseln
und danach schön kräftig trommeln
und der Wind soll heftig wehen
dass die Schirme wie von selbst aufgehen
und die schwarzen Wolken sollen schlucken,
was wir sonst als Himmel sehen.

Ich bestürme das Gewitter!
Dauernd Sommer muss nicht sein
Ich schreib ihm Briefe, schreib ihm Ansichtskarten:
Eine Studentin ist hier eingetroffen,
die ihr Heimatland verließ
und kein Sommerkleid besitzt.

Aber bitte, wenn's denn sein muss,
stell ich's noch genauer dar:
Im Lichte der vergangenen Jahre
kann daran Zweifel sein –
im Frühling und an Sonnentagen
verliert sie, was sie ist und war.

Und wenn der Frühling in den Bäumen wütet
und alles singt und in der Sonne brütet
Gras und Vogel, Dach, Balkonvorhang,
schreibt die Studentin Briefe nach Hause:
Regen und Gewitter, bitte kommen – dringend!
Der Frühling greift nach meinem weißen, nackten Hals!
Der Frühling ist so unberechenbar
ganz anders als der Rest vom Jahr, mal will er sanfte lila Kleidchen
und dann wieder blaue Schals, verlangt Pantoffeln,
aber dann Sandalen.

Mache ich mich irgendwie verständlich?
Regen, Nebel, tut mir den Gefallen! Ein, zwei Monate
dürften reichen, bis die Studentin klarer sieht,
wann es sie heim zur Mutter zieht
und wie viel Länder, wie viel Abenteuer
sie noch bereist in ihren blauen Jeans.

Für meinen Freund, den Leutnant

»Leutnant, hast du eine Zigarette?«
Ruf aus dem Fenster der Psychiatrie

In diesen Garten gingen wir mal, um eine zu rauchen
und über die alten Zeiten zu reden,
lange nach unserer Studentenzeit.
Wir rauchten und bemühten uns,
dem zu folgen, was der andere erzählte.
Gut, dass wir Zigaretten hatten, und Geschichten auch,
manche gemeinsam, andere hatte jeder für sich.
Wir hatten eine Stadt und wurden dort gebraucht:
mitsamt der Zigaretten, der Geschichten, und mit uns.
Nur die Welt dort hinter den Gitterfenstern
wirkt so durchbrochen und unerfreulich
und die Menschen hinter den Gittern
so angegriffen und so gebrechlich,
gleichgültig, ob von innen nach außen
oder von außen nach innen betrachtet.
Die Bruchstücke, die unsere Augen erfassen,
sind zum Erschrecken und Gruseln beschaffen,
und wir rennen, was wir können,
in das, was wir normales Leben nennen,
wo weder Gitter noch Bruchstücke
noch zerstückelte Menschen warten.
Nichts erinnert uns daran,
was die Welt so alles bieten kann:
Grusel, Gebrechen, Stimmen im Garten.
Und wir rennen um die Wette,
doch die Stimme holt uns immer ein:
»Leutnant, hast du eine Zigarette?«

Aus den Verkehrsregeln

Dein Weg zu mir hat so viele Enden,
er ist verschlungen und nähert sich an,
doch meiner zu dir ist nur einen Fuß breit,
so dass kein Gegenverkehr passieren kann.
Ich gebe es zu: ich fürchte dein Kommen,
denn Schulter an Schulter kann man hier nicht gehen.
Mein Pfad hat strenge Regeln, Pärchen sind nicht erlaubt.
Es sei denn, es gelänge uns, so eng und fest uns zu umarmen,
dass wir für einen durchgehen können,
dann ließe uns der Weg womöglich zu.
Wege haben ein gutes Namensgedächtnis,
sie wissen auch, wo sie sich biegen sollten
und wo sie wieder gerade sein müssen.
Auch was die Schritte angeht, blicken sie gut durch.
In ihrem Rücken spüren sie die Schwere
eines stolzen oder beschämten Mannes,
und ich fürchte,
unsere Bewegungen entgehen ihnen nicht.
Deshalb umarme mich fest, oder drück mich,
verleibe mich dir ein und nimm mich in dein Fleisch und Blut,
weil dieser Pfad zehn Augen und zehn Ohren hat.
Dass wir ein Pärchen sind, wird er uns nicht verzeihen,
mit einem Schulterzucken schüttelt er uns von sich
und wir brechen ein.

Ohne Antwort

Als hätte ich meinen Schirm aufgespannt
und schritte beherzt dem Regen entgegen...
So in der Art hat's angefangen.
Wir standen niemals beieinander,
wir lagen auch nicht beieinander,
wir haben nie ein Haus geteilt
mit Wand und Zaun zur Außenseite.
Es glich eher einem Sitzen bei Tisch,
wenn alle ihre Blicke senken
und auf ihre Finger schauen.
Und weil es keine Brieftauben mehr gibt
und selbst die Briefkästen bei uns verschwunden sind,
haben wir geredet.
Um die Lücke zwischen Tag und Nacht zu füllen,
die Strecke zwischen den Städten zu mindern.
Um der Vergangenheit zu gedenken,
unsere Einsamkeit zu verschenken.
Als hätten wir eine Schranktür geöffnet
oder die alten Koffer verwechselt,
als müssten wir auf der Stelle entscheiden,
was anzuziehen, was wegzuschmeißen...
Aber Worte haben leider diese Eigenart,
sie kommen wieder,
und zwar ganz speziell, wenn sie geladen sind, scharf und schnell.
Als hätten tausend Arme
mit Tennisschlägern auf Bälle gedroschen,
so flogen sie mir um die Ohren,
so knallten sie mir vor die Füße.
So titschten sie rum und schlugen ein,
ich war schon ganz grün an der Stirn und am Bein.
So musste ich Rede und Antwort stehen,
auf jedes Lachen, jedes Seufzen, jede Widerrede
wollten sie eine Entgegnung haben.
Sogar solche, die im Stühleknarren, im Papiergeraschel

geblieben waren, forderten eine Antwort ein!
Und weiter?
Wie, was weiter?
Willst du jetzt auch noch eine Antwort von mir?
Ich dachte, ich hätte den Schirm aufgespannt
und schritte beherzt dem Regen entgegen...

An Delilah

Wenn die Freunde weiterziehen,
teilen sich die Dinge, die uns nah umgaben,
die eine Hälfte trägt nun einen andern Namen,
je nachdem, was vorher war, und zum letzten Mal geschah.
Wenn die Freunde weiterziehen,
fällt den geteilten Kleidern, Büchern, Taschen,
den Halsketten und Stöckelschuhen, ihre Herkunft nicht mehr ein
und sie fangen an, in ihrem Kopf zu kramen,
wann waren wir nur das letzte Mal glücklich beisammen?
Als der Regen losbrach und wir trocknen mussten,
irgendwo in einem Café.
Wenn die Freunde weiterziehen,
ob im Sommer oder an den kalten Tagen,
kann es leicht geschehen,
dass sich unsere Gedanken wie verirrte Zugvögel betragen,
an einem Schiffsmast halten sie sich fest,
weil sie die Orientierung verlieren
und weder Osten noch Süden mehr finden,
die grünen Wälder
und das alte Nest.

Wie Sophia zu sagen pflegte

Wir rasten, dass uns schwindlig wurde,
wenn wir kurz zur Seite blickten
und die Gegend rings um uns verschwamm.
Wir rasten durch die Wellentäler,
die gefährlichen und frohen,
verloren Hüte, Schals und Schuhe
und Stimmen, Worte, Lautbruchstücke...
Wir rasten im Sekundenbruchteil
und spürten nur noch unsre Körper,
die wie halbvolle Sparschweine klirrten...
Ihr habt natürlich auch schon mal auf einem Karussell gesessen,
oder seid im Traum geflogen?
Dann denkt daran, wie euch die Nebelmilch
gefangen nahm, verschlang und schluckte,
so wie's die kochende Teekanne mit Zuckerstückchen macht.
Denkt doch zurück – was konntet ihr in diesem Nebel sehen?
Hättet ihr denn fühlen können,
dass niemand eure Arme, Hände, niemand eure blauen Adern
noch eines Blicks für würdig hielt?
Und jetzt weiß ich nicht mehr, was ich sagen soll,
also sag ich's nochmal: wir sind so gerast,
unter die Bäume, unter die Gräser,
über die Städte und über die Brücken,
doch nicht der Reihe nach, so wie Waggons,
oder so gezielt wie eine Kugel,
die ein Scharfschütze abfeuert, nein –
eher wie Splitter eines Meteoriten
mit unbestimmter Flugbahn nach der Explosion
und dachten gar nicht an das Ziel,
weil wir das überhelle Licht genossen,
das uns durch die erhitzten Körper fuhr.
Warum haben wir gehalten?
Wollt ihr mich das wirklich fragen,
warum wir angehalten haben?

Wir flogen rasend aufeinander zu.
Was habt denn ihr gedacht?
Während wir einander suchen
und die Anziehung versprühen,
schließt sich über uns der Bogen,
und es schwingen Feuerzungen, und es dröhnt die ganze Welt.
Soweit ich mich erinnern kann,
war das Schauen unterbrochen
und das Suchen hörte auf,
als wir aufeinanderprallten.
Man könnte dies wohl einen Absturz nennen
aus dem Boot ins offene Meer,
auf dessen Boden alle Steinchen glimmen,
dass man nicht weiß, nach welchem man als erstes greifen
und wie man sie nur ordnen soll, auf der Fläche einer Hand.

Jene Jahre, jene Tage

Jene Jahre, jene Tage,
die wir uns gegenseitig stahlen, davon spreche ich –
wir legten sie nicht etwa hübsch gefaltet
in eine Tüte oder Tragetasche,
wir knüllten sie nicht wie Papier zusammen –
wir streiften sie so wie Pullover über
und wickelten sie um den Hals,
an den Armen, an den Schultern klebten wir sie fest.
Jene Jahre, jene Tage, davon rede ich,
als wir nur nach draußen rannten
ganz gleich, wo wir uns befanden,
in welcher Gegend und in welchem Tal,
vor welchem Burgtor – ganz egal.
Als alle Pfade einfach uns gehörten,
auf die wir je den Fuß gesetzt,
und nur in unsern eignen Spuren gingen,
wir schlossen sie zu Kreis und Kette;
ich meine diese Jahre, diese Tage,
als wir an Wörtern keinen Mangel hatten,
die jede Wunde heilen konnten,
und immer auch genügend Wunden,
wenn auch herzzerreißend heimlich;
und noch Geheimnisse besaßen,
unverlierbar und beschwörungswürdig.
Ja, ich spreche über diese Jahre, diese Tage,
als manche wohl zu wissen glaubten, wir hätten sie
allein der Luft vertraut, dem Wind gegeben,
um sie auszustreuen, weithin über alle Felder,
man dachte von uns, wir vergeigen sie
und wissen gar nicht, was sie wirklich wert sind.
Doch füllten wir die Luft mit unsern Stimmen an,
dass nicht ein Gramm, kein Quäntchen je verloren ginge
von jenen Jahren, jenen Tagen,
so dröhnten sie in buntem Durcheinander,
und als sie uns zu schwer zum Tragen wurden,
da legten wir sie einfach ab.

Ziegelsteine

Ein altes Gemäuer aus Ziegeln,
hoch aufgeschossen, mit festlichen Bögen,
steht vis-à-vis von meinem Haus,
zieht Sonnenstrahlen und Schneeflocken an.
Seine Terrassen, die leicht schief und sehr von oben
auf meine Fenster niederschauen
wie schicke, tief dekolletierte Damen
im Tanzsaal auf einfache Bauersfrauen,
können das Sonnenlicht so ganz anders erfassen,
und auch die Schneeflocken haben mehr Freude,
wenn sie auf ihnen sich niederlassen.
Jeden Morgen, wenn ich erwache,
schiebe ich die Gardine zur Seite,
und vor meinen Augen baut sich Ziegel um Ziegel auf...
Ich zähle ihre Reihen seit Jahren
und weiß genau, wie viele vor meinem Fenster verharren,
über wie viele Simse, wie viele Stockwerke geht es hinauf...
Du siehst, was ich meine, jeden Morgen
stehe ich auf und weiß genau, was ich gleich sehen werde.
Das ist meine Landschaft, mein Horizont.
Ich sag's dir, siehst du, so liegt die Sache:
Diese Ziegelsteine, die mir vor Augen ragen,
So schwer, dass sie mir Stirn und Wangen zerschlagen,
sie lassen die Bäume begütigend rauschen, ob ich träume oder wache.
Jeden Morgen schaue ich sie an in der festen Überzeugung,
dass sich in der Welt nichts ändern kann,
ich bin daheim hier und in Sicherheit.
Und sollte ich mal umziehen, kann ich sicher sein,
die Sehnsucht nach dem alten Gemäuer holt mich überall ein.
Der Abschied von den Ziegeln
fiele mir zwar nicht so schwer,
doch wo kriegte ich dann meine Ruhe her?
Siehst du, und das will ich dir erklären.
In dieser Welt, in der sich alles dauernd ändert,

die ständig in kleinste Teile zerfällt,
in der kein Tag ein Ganzes bedeutet
und keine Nacht sich an ein Eichmaß hält,
starren mich diese Bögen und Säulen so schief und unbeweglich an
und erzählen mir,
woher ich kam.

Die Familie

Das ist es, was am Ende bleibt von dir: ein gelber Drachen aus Papier,
mit Fadenschwanz.
In Händen, die sich keine Sorgen machen
und dich dem Himmel überlassen, und dem leichten Wind
mit einem Lachen im Gesicht
und Augen, die weit aufgerissen sind.
Du verstehst, was nun geschieht mit dir:
Du wirst ein gelber Drachen aus Papier, mit Fadenschwanz,
dem es egal ist, welche Hand ihn hält,
Hauptsache, dass er fliegt und nicht herunter fällt,
Hauptsache, er kriegt es mit,
dass man ihn von unten oben schweben sieht,
und sich nach ihm den Hals verrenkt, und sich ihn als Abgott denkt.
Und du verstehst, wozu du wirst:
Ein gelber Drachen aus Papier, mit Fadenschwanz,
und wenn er abstürzt, war's sein letzter Tanz,
nicht bloß ein Bruch mit Kratzern im Gesicht,
am Rumpf, am Fadenschwanz – das nicht.
Das leuchtet dir ein, und darum willst du weiter oben sein,
du lässt nicht zu, dass sie dich stürzen lassen,
dass sie müde werden, nach der Schnur zu fassen,
und dass ihr Blick auf einen andern flackernd übergeht:
weil das ein Abgott nicht versteht.
Und deshalb darfst du nicht:
die Hälse grade werden
und die Köpfe sinken lassen,
und dass sich ihre Augen mit dem Erdboden befassen.
Du verstehst, sie haben dich betrogen:
dich, den gelben Drachen aus Papier, mit Fadenschwanz,
denn kaum warst du losgeflogen,
kaum warst du oben,
da hat man dich dem leichten Wind anheim gegeben
und ließ dich unbekümmert schweben
und sah dir nach, mit sehnsüchtigem Blick –
einmal gen Himmel, aber nicht zurück.

Bela Chekurishvili: Wir, die Apfelbäume

Wir, die Apfelbäume – wozu blühen wir überhaupt? Wie kommt Sisyphos zu seinem Stein, wie hat Salome das Tanzen gelernt? Und wenn einer sein Kreuz trägt und klagt – was sagt das Kreuz dazu? Bela Chekurishvilis Gedichte gehen vielen Fragen nach; die Fragwürdigkeit des Lebens überhaupt, seiner Einrichtungen und Übereinkünfte, ist ein zentrales Motiv ihres Schreibens. Kennzeichnend für ihre Haltung ist das dreiteilige, sehr bewegende Gedicht »An den Vater«. In der imaginierten Zwiesprache appelliert der Vater immer wieder eindringlich, die Tochter möge doch das »Vatergeheimnis« hüten, aber diese entzieht sich seinen Besitzansprüchen, muss ihre Freiheit behaupten und fortgehen. Sie kündigt den Gehorsam auf, nicht jedoch die Liebe – und ähnlich verhält es sich mit der Haltung der Dichterin gegenüber ihrem Land und den Menschen, die die derzeit in Deutschland lebende Autorin dort zurückgelassen hat. Die Entfernung führt dazu, die stark patriarchalisch geprägten Strukturen der georgischen Gesellschaft schärfer zu sehen, inklusive ihres Gewaltpotentials, das auch in die Liebesgedichte dieses Bandes hineinspielt. Auf die Gewalt der Verhältnisse muss die literarische Sprache eine Antwort finden, und die kann nur in einer leidenschaftlichen Abwendung bestehen, ohne dass darüber jedoch das Gespräch abgebrochen wird. Fast durchgehend ist das Sprechen in diesen Gedichten dialogisch, ob nun die Freundinnen, ein Familienmitglied, ein Geliebter oder die Elemente angesprochen werden, die Erde, der Wind, denen die Dichterin auch immer wieder ihre Stimme leiht, weil sie sich ihnen verbunden fühlt (wenn auch die Männer manchmal nicht den Mund aufkriegen, der Wind verliert seine Stimme nie). Zu diesem dialogischen Weltbezug passt, dass alle Mittel der Verständigung, die ältesten wie die modernsten, auch im Namen der Poesie aufgerufen werden können, natürlich auch die E-Mail. Die Dichterin, die lange auch als Kulturjournalistin arbeitete, gehört zur »Wende«-Generation in der georgischen Literatur – aufgewachsen unter dem Sowjetstern und dann hineingestellt in die plötzliche Freiheit eines Landes, das ganz neu war und zugleich ganz alt. Alt wie die Apfelbäume und der Wein. Die legendäre georgische Tafel, an der ein Zeremonienmeister, Tamada genannt, Trinksprüche auf die Heimat und die Toten anstimmt, gehört zur Wirklichkeit dieses Landes ebenso wie der Umstand, dass fast alle Georgier heutzutage bei Facebook sind. Aus dieser Spannung beziehen auch die Gedichte von Bela Chekurishvili ihren Reiz und ihre Eigenart. Sie sind getragen von einem Aufbegehren gegen die reiche Formtradition der georgischen Dichtung und doch zugleich von ihr gespeist. Aber ob sie nun zum prosanahen, skeptischen Blocksatz tendieren oder im Urvertrauen auf den Reim zu tanzen beginnen – immer sind diese Gedichte elektrisch geladen.

Bela Chekurishvili, geboren 1974 in Gurjaani (Georgien), hat georgische Sprache und Literatur an der Universität Tbilisi studiert. Sie arbeitete als Kulturjournalistin und ist jetzt Doktorandin für Komparatistik an der Universität Tbilisi, zur Zeit studiert sie an der Universität Bonn. Sie ist Autorin von drei Gedichtbänden, zuletzt 2012 *Fragen an Sisyphus.* Ein Band mit Kurzgeschichten ist unter dem Titel *Rheinische Aufzeichnungen* kürzlich in georgischer Sprache erschienen. Die Autorin hat außerdem – mit Freude, wie sie betont – als Lehrerin gearbeitet und ist überdies zeitweise eine begeisterte Alpinistin gewesen.

Norbert Hummelt

Inhalt

Interlinearübersetzungen:
Tengiz Khachapuridze,
Lika Kevlishvili